Dagmar Schmauks
Dummheit. Schimpfen

Dagmar Schmauks

Dummheit
Schimpfen

Ein Ratgeber

LOGO VERLAG Eric Erfurth
Obernburg am Main

0

Definition Dummheit. Gebrauchsanleitung Schimpfen

Wo, was und warum ist Dummheit?

Dieses Büchlein setzt voraus, dass es Dummheit gibt. Natürlich ist »Dummheit« nicht der Name für ein unsichtbares Wesen, sondern nur ein praktischer Sammelausdruck für all die dummen Gedanken, Äußerungen und Handlungen, die Menschen täglich in großen Mengen produzieren. Wobei natürlich immer nur die anderen dumm sind!

Dumme Gedanken kann man zum Glück nicht sehen, so dass einem vieles erspart bleibt. Bleiben die vielen dummen Bemerkungen, die man andere ins Handy quasseln hört, und die vielen dummen Taten, die einem das Leben schwer machen. Als eher bescheidene Dummheit wählt man am Automaten einen kleinen Pappbecher für einen großen Kaffee, als ziemlich große Dummheit befördert man sich selbst ins Jenseits wie die beiden Bankräuber, die das Dynamit zum Sprengen der Tresortür allzu großzügig berechneten.

Auf die Frage, wie Dummheit eigentlich entsteht, gibt es keine einfache Antwort. Ganz selten beruht sie auf einem Mangel an Intelligenz, sondern viel häufiger auf schlechter Ausbildung, ungenügender Übung, verkümmerter Phantasie oder unkritischer Übernahme von unausgegorenen Ansichten. Gerade wenn wir dumme

Handlungen von Menschen für selbst verschuldet und daher vermeidbar halten, veräppeln wir sie besonders gerne.

Und da Ausdrücke wie »Blödmann« und »Dummkopf« längst recht abgegriffen sind, geben Ihnen die folgenden Kapitel nützliche Ratschläge, wie Sie selbst griffigere Ausdrücke bilden und ihre Schlagfertigkeit steigern können. Wie oft sind wir angesichts dummer Handlungen oder gemeiner Bemerkungen sprachlos, und leider erst viel später fallen uns höhnische Kommentare oder treffsichere Gegenhiebe ein. Und wie viel Spaß macht es, sich unter Gleichgesinnten lustvoll zu veräppeln, schließlich dienen Kraftausdrücke immer auch der Abfuhr von aufgestautem Alltagsfrust.

Die Ausdrücke lassen sich in Gruppen ordnen, die in den folgenden Lektionen vorgestellt werden. Zu beachten ist, dass es manchmal zu einem Ausdruck mehrere Erklärungen gibt und er daher in mehrere Kapitel passt. Wer jemanden »durchgedreht« nennt, kann dabei an eine nicht mehr greifende Schraube denken, aber auch an einen Autoreifen auf eisiger Fahrbahn oder sogar an Hackfleisch.

Wie bei ähnlichen, den Nutzer gefährdenden Handlungen gibt es jedoch auch hier einen Warnhinweis, und der lernwillige Leser möge bitte vor dem Schleifen seiner Waffen sorgfältig die Gebrauchsanleitung lesen.

Nur heimlich unheimlich gemein.
Eine Gebrauchsanleitung zum Schimpfen

Heute warnt man Gäste vor heißem Kaffee und Raucher vor Lungenkrebs, damit später keine Klagen auf Schadensersatz kommen. Da etliche Schimpfwörter dieser Sammlung nicht sehr nett sind, empfiehlt es sich, ihnen ebenfalls eine Warnung voranzustellen.

Es gibt mindestens drei Situationen, in denen man die Dummheit anderer gerne farbenprächtig beschreibt. Die harmloseste ist das scherzhafte Veräppeln von Leuten, die man gut kennt. Eine Menge Verben beweist, wie beliebt dieses Sprachspiel ist, etwa »anpflaumen«, »aufziehen«, »foppen«, »frotzeln«, »hänseln« und »necken«. Varianten wie »anstänkern«, »verarschen«, »verkackeiern« und »verscheißern« sind schon drastischer und zeigen nebenbei unsere Vorliebe für bestimmte Körperfunktionen.

Menschen mit gehobener Bildung finden alle Schimpfwörter natürlich tadelnswert und sind entsetzt, wenn der behütete Nachwuchs sie zum Beispiel aus der Schule mitbringt. Aber obwohl es am Stammtisch, im Fußballstadion oder auf dem Bau nicht gerade zimperlich zugeht, rennt keiner der Betroffenen gleich zum Rechtsanwalt, sondern wird eher zu einer Retourkutsche ausholen. Denn dieses gemäßigte Necken ist ein Sprachspiel unter Gleichrangigen.

Sobald sich hingegen der Beschimpfte ernsthaft beleidigt fühlt, wird seine Beschimpfung selbst zur teuren Dummheit. Vor Gericht hilft nämlich auch der Einwand nichts, der Ausdruck »Trottel« sei sachlich vollständig richtig … Wer andere durch Sprache oder Gesten beleidigt, kann nach § 185 des deutschen Strafgesetzbuchs zu Freiheitsstrafe oder Bußgeld verurteilt werden. Das Bußgeld beträgt meist 10 bis 30 Tagessätze, so dass bei einem Nettoeinkommen von 1500 € schon eine eher harmlose »blöde Sau« deutlich teurer wird als ein ganzes Schlachtschwein.

Zugunsten des Schimpfenden ist allerdings zu erwähnen, dass der Grat von der vermeintlichen Beschimpfung zur Meinungsäußerung zwar schmal, aber immerhin gangbar sein kann. Personen, die im öffentlichen Leben stehen, müssen durchaus missliebige Äußerungen ertragen. Wenn man zum Beispiel Politiker aufgrund von deren kurzsichtigen Entscheidungen als »Zukunftsverweigerer« bezeichnet, so bleibt dies straffrei.

Eine zweite Situation ist das lustvolle Lästern über nicht anwesende Personen. Es bleibt unbedenklich, solange man einen Fußballschiedsrichter eine »unfähige Pfeife« nennt oder einen Politiker einen »gut bezahlten Vollidioten«. Gefahr zieht jedoch auch hier auf, wenn man über den gemeinsamen Chef herzieht und dieser die Äußerungen zufällig mithört oder ein missgünstiger Speichellecker sie ihm zuträgt.

10

Noch dümmer ist es, einem weitaus stärkeren Gegner seine Dummheit ins Gesicht zu sagen. Wer nachts in der U-Bahn einem bulligen Schlägertyp tollkühn zuruft »Heb sofort Deine Kippe auf, Torfkopf!«, muss entweder selbst sehr stark sein oder sehr schnell rennen können.

Darum eine eindringliche Warnung für den Gebrauch von Schimpfwörtern in unsicheren Situationen: Die Beschimpfung von wesentlich Stärkeren, sei diese auch angebracht oder berechtigt, kann Ihnen oder den Menschen in Ihrer Umgebung großen Schaden zufügen.

1

Dumm und dämlich.
Der Grundwortschatz

Jedes gute Lehrbuch beginnt mit den Grundlagen seines Fachgebiets und baut auf dem auf, was der Leser vermutlich schon weiß. Diese Lektion listet darum einfache Ausdrücke für allerlei Dummheiten auf. Dumm ist natürlich zunächst einmal der Mensch selbst, aber da er Dummes denken, reden oder tun kann, sprechen wir in Erweiterungen auch von »blöden Ideen«, »dämlichen Behauptungen« oder einer »idiotischen Heirat«.

Sogar Wissenschaftler sind sich keineswegs einig, was der Ausdruck »Intelligenz« genau bedeutet. Man weiß jedoch, dass Intelligenz viele Teilbereiche hat, so dass ein guter Rechner ein lausiger Handwerker sein kann und ein glänzender Redner vielleicht beim logischen Denken versagt. Auch die Ursachen von Intelligenz sind vielfältig, denn zu einer angeborenen Begabung treten die Förderung in der Familie, das eigene Entdecken in einer hoffentlich anregenden Umwelt und schließlich das formale Lernen in der Schule hinzu. Statt zu sagen, jemand sei intelligent, sollte man sich also viel genauer ausdrücken: Ist der Betreffende nun begabt, gebildet oder erfahren, handelt er durchdacht oder folgerichtig — oder ist er lediglich gerissen?

Wer umgekehrt Dumme und ihre Dummheiten genauer beschreiben will, kann ebenfalls zwischen vielen Ausdrücken wählen, wobei einfache Verneinungen wie »unklug« oder »ungebildet« nicht sehr originell sind.

Eine erste Gruppe von Ausdrücken beschreibt unzureichendes Denkvermögen in seinen vielen Formen, wobei die Ausdrücke wie beim kindlichen Lallen zum Teil oft Silben wiederholen.

geringe Intelligenz:
bestusst, blöd, blödsinnig, dämlich, doof, dumm, dümmlich, einfältig, geistlos, stupide, töricht, unbedarft, unklug, unvernünftig, unverständig, verblödet, vertrottelt

langsam, ungeschickt:
lahm, lahmarschig, schwerfällig, tölpelhaft, tranig, transusig, umständlich, unbeholfen, verschlafen, verschnarcht

ungebildet, lernunwillig:
dilettantisch, ignorant, laienhaft, stümperhaft, unbelehrbar, ungebildet, unkundig, unwissend

unernst, vom Gewohnten abweichend:
aberwitzig, absonderlich, albern, ballaballa, bizarr, drollig, exzentrisch, gaga, grotesk, kauzig, kurios, lächerlich, lachhaft, läppisch, merkwürdig, plem-plem, possenhaft, schrullig, seltsam, skurril, spaßig, spleenig, verschroben, wunderlich

zu wenig gewitzt:
arglos, gutgläubig, leichtgläubig, naiv, schlicht, treuherzig, unkritisch, vertrauensselig

16

unlogisch:
    abstrus, absurd, gedankenlos,
    inkohärent (unzusammenhängend),
    inkonsistent (widersprüchlich), paradox,
    planlos, sinnwidrig, unsystematisch,
    vernunftwidrig, widersinnig
übermäßig gefühlsbetont:
    emotional, hitzköpfig, impulsiv, irrational,
    triebhaft
langweilig, unkreativ:
    banal, bieder, geisttötend, hausbacken,
    ideenarm, kleindenkend, kleinkariert,
    phantasielos, platt, prosaisch, provinziell,
    spießbürgerlich, spießig, trivial,
    unfruchtbar, unschöpferisch, witzlos
vergesslich:
    abgebaut haben, schusselig, verkalkt
krankhafte Zustände:
    behindert, geistesgestört, geisteskrank,
    irr, irrsinnig, minderbegabt, minder-
    bemittelt, unbegabt, unzurechnungs-
    fähig, verrückt, wahnsinnig
regionale und fremdsprachliche Ausdrücke:
    dalkert, damisch, dusslig, jeck,
    meschugge

Aus den aufgelisteten Adjektiven und einschlä-
gigen Verben lassen sich nun mühelos Bezeichnungen für schlechte Denker gewinnen.

blöd — Blödhammel, Blödheini, Blödian,
Blödmann
dämlich — Dämlack
doof — Doofbacke, Doofi, Doofkopf,
Doofrübe, klein Doofi mit Plüschohren
dumm — Dummbatz, Dummbeutel,
Dummchen, Dummerjan, Dummkamel,
Dummkopf
einfältig — Einfaltspinsel
toll — Tollpatsch
trotten — Trottel
irren — aus Irrland sein
dösen — Döskopp
ignorant — Heiliger Ignorantius

Ferner können Sie auf zahlreiche bodenständige
Ausdrücke zurückgreifen, die jeder Dialekt in
verschiedenen Abfärbungen bereitstellt. Oder
Sie bedienen sich aus der Schatztruhe älterer
Ausdrücke, die zugleich eine Aura von höherer
Bildung mit sich bringen.

regionale Ausdrücke:
Depp, Dödel, Dolm, Trollo
veraltet:
Simpel, Tropf, tumber Tor
Vergleiche mit bekannten Narren aus
Volkstheater, Schwänken und Witzen:
dummer August, Clown, Eulenspiegel,
Hanswurst, Hofnarr, Kasperle,
Klein Erna, Pappnase (typische

Verkleidung eines Faschingsjecken),
Pausenclown, Tünnes

ungebildete Person:
Analphabet, Banause, Dilettant, Pfuscher

In einem zweiten Schritt können Sie diese Ausdrücke noch weiter übertragen. So ist ein »Idiotenhügel« eine sehr anspruchslose Skiabfahrt und den »Idiotentest« muss man u. a. bestehen, damit man nach dem Führerscheinentzug seine Fahrerlaubnis zurückbekommt.

Wie oft sind wir im Bus oder anderswo gezwungen, unnützem Gerede zuzuhören! Für inhaltsarmes Reden gibt es viele plastische Ausdrücke.

blubbern, brabbeln, faseln, kakeln,
klatschen, labern, palavern, plappern,
quasseln, quatschen, sabbeln, schnattern,
schwadronieren, schwafeln, schwallen,
schwätzen, sülzen, tratschen

Sie sind aber auch hier gegenüber den Produzenten nicht wehrlos und können unter zahlreichen Bezeichnungen wählen.

Dauerschwätzer, Dummschwätzer, Dungschwätzer, Faselhans, Grützmichel, Klatschtante, Labersack, Phrasendrescher, Phrasenschleuder, Quasselstrippe, Quatschkopf, Sabbelsack, Schmähtandler (österreichisch), Schwallo, Tratschtante

Das dumme Zeug, das jemand redet oder tut, können Sie mühelos durch die Vorsilbe »Ge-« abwerten.

Geblubber, Gebrabbel, Gefasel, Gekakel, Gelaber, Geplapper, Gequassel, Gequatsche, Gerede, Gesabbel, Geschnatter, Geschwafel, Geschwalle, Geschwätz, Geseire, Gesülze, Getue, Gewese

Nach der Konfrontation mit etwas Dummem können Sie aber auch Griffigeres aus dem großen Vorrat einschlägiger Schimpfwörter wählen.

Bagatelle, Blabla, Blödsinn, Bohei, Brimborium, Firlefanz, Fubbes, Humbug, Kappes, Kinkerlitzchen, Klatsch und Tratsch, Klimbim, Kokolores, Labergrütz, Lappalie, Larifari, Mätzchen, Müll, Mumpitz, Murks, Nonsens, Pillepalle, Pipapo, Quatsch (mit Soße), Schlabbadibau, Schmäh (österreichisch), Schnickschnack, Schrott, Sprachgeschwurbel, Stuss, Tamtam, Tralala, Unfug, Unsinn, Wirbel, Wischiwaschi, Wortgeklingel, Zinnober, Zirkus

Weitere Ausdrücke führen die Dummheit darauf zurück, der Betreffende sei zu unreif, zu alt oder schon frühzeitig in der Stammesgeschichte zurückgeblieben.

dement, senil, vertrottelt
schöne Grüße aus Alzheim!, veralzheimert
leise rieselt der Kalk, verkalkt
Hinterwäldler, primitiv, rückständig
Höhlenmensch, Neandertaler, Troglodyt
Komm endlich runter vom Baum und
   üb' den aufrechten Gang!

2

Quadratesel und Turbotölpel. Lustvolle Steigerungen

Nicht jeder, der Dummes sagt oder tut, ist auch dumm. In vertrackten Situationen ist es nämlich oft viel schlauer, sich absichtlich dumm zu stellen. Und manchmal ist ohne jemandes Schuld etwas »dumm gelaufen« oder andere wollen einen »für dumm verkaufen«.

Aus der Grundaussage »dumm« kann man eine Vielfalt an Formen gewinnen, zum Beispiel in der Kombination mit einem Verb oder einem erweiterten Sprachbild. Bauen Sie also einfache Ausdrücke phantasievoll aus.

    dumm dastehen
    dumm aus der Wäsche gucken

Die Paarformel »dumm und dämlich« wirkt durch den Stabreim sprachlich reizvoll und beschreibt erfreuliche und verdrießliche Situationen.

    positiv:
    sich dumm und dämlich lachen, verdienen …
    negativ:
    sich dumm und dämlich arbeiten, suchen, zahlen …

Dreierformeln sind vorgefertigt oder werden durch den Namen der angesprochenen Person ergänzt.

Dumm geboren, nichts gelernt, den Rest
   vergessen!
Dumm — dümmer — (Name)!

Reime klingen stets nett und werden leicht behalten. Im ersten Beispiel wird der Gleichklang allerdings durch die Misshandlung eines Vokals erzwungen. Das zweite Beispiel zeigt, dass die Kombination von Dummheit und Reichtum besonders unbeliebt ist.

Dümmer geht's nümmer!
Feiner Zwirn und nix im Hirn.

Besonders beliebt sind Steigerungen. Dabei nutzt man geschickt geeignete Vorsilben, die Dummheit als angeboren kennzeichnen oder sich auf verachtete Tiere oder »anrüchige« Tätigkeiten beziehen. Und wenn der Meister schon dumm ist, wie dumm wird dann erst sein Lehrling sein?

Maximaldepp, Megablödmann, Riesen-
   kamel, Supertrottel, Turbotölpel, Vollidiot
potenzierter Blödsinn, Quadratesel, Trottel
   hoch drei
Bauerntölpel, Naturdepp, Provinzdepp
Dorftrottel, Gemeindedepp
saudumm; so dumm, dass er blökt
brunzdumm, pissdumm
dem Depp sein Lehrbub

bekennender Idiot, hochkarätiger Dämlack,
sortenreiner Trottel

Durch vor- und nachgestellte Zusätze können
Sie diese Ausdrücke im sich steigernden Drei-
erschritt oder im ergänzenden Nachsatz weiter
fortführen.

Trottel — lupenreiner Trottel — lupenreiner
Trottel allererster Güte
Du blöder Idiot, du ganz und gar ver-
trottelter!

Gerne unterstellt man, alle Dummen kämen aus
einem bestimmten Ort. So gibt es in Deutschland zwar einige wirkliche Orte, die solches zu
behaupten scheinen, etwa Dummerstorf (Meck-
lenburg-Vorpommern) und Bergen an der Dumme (Niedersachsen). Einschlägig bekannt aber
sind real nicht existierende Kommunen.

Dummbach, Dummsdorf, Dummenhausen

Bei anhaltender Dummheit kann man auch rhetorische Klagen oder gehässige Unterstellungen
produzieren.

Als die Dummheit verteilt wurde, hat er
zweimal »Hier!« gerufen.
Doof bleibt doof, da helfen keine Kräuter-
pillen.

Wer noch kränkender schimpfen will, sollte ein besonders dämliches oder peinliches Vergleichs-objekt wählen.

dumm wie Brot, Stulle, Bohnenstroh
dumm wie Schifferscheiße, Schweinemist
den IQ eines Eiswürfels, Rasenmähers,
    Suppenlöffels haben
so dumm, dass ihn die Schweine beißen,
    dass die Säue nach ihm schnappen
dümmer als die Polizei erlaubt

Umgekehrt behauptet man »zu dumm …« und ergänzt leichthin Harmloses, Gemeines oder Wi-dersinniges.

zu dumm zum Geradeausgucken,
    um Bonbons rund zu lutschen
zu dumm zum Scheißen, um ein Loch
    in den Schnee zu pinkeln
zu dumm, um einen Eimer Wasser anzu-
    zünden

Gerne setzt man auch die Intelligenz eines Men-schen zu seinen anderen Eigenschaften in Ver-gleich. Ist ein schlichter Denker unerwartet er-folgreich, so hat er »mehr Glück als Verstand«. Mancher wird sogar reich dabei und hat dann »mehr Geld als Verstand«.
Am vertracktesten sind doppelte Vergleiche. Sie können sie herstellen, indem Sie zuerst die

Dummheit mit einer anderen Eigenschaft gleich-setzen und dann den Beschimpften als deren Paradebeispiel darstellen. Das Entstehen immer neuer Vergleiche nach diesem Muster zeigt, wie kreativ wir die Umgangssprache benutzen.

> Wenn Dummheit wehtäte, würdest du dauernd schreien.
> Wenn man Dummheit versteuern müsste, wärst du längst pleite.
> Wenn du so groß wärst, wie du dumm bist, könntest du kniend aus der Dachrinne saufen.
> Wenn du so klein wärst, wie du dumm bist, könntest du unterm Teppich Fallschirm springen.
> Wenn Dummheit rollen würde, müsstest du bergauf bremsen.
> Wenn Dummheit knallen würde, wärst du ein super Silvesterkracher.
> Wenn Dummheit fliegen könnte, wärst du ein Satellit.
> Wenn Dummheit radioaktiv wäre, müsste man dich in Beton gießen.

Tiervergleiche beruhen oft auf Vorurteilen. So sind Esel keineswegs dumm, sondern prüfen nur neue Situationen besonders sorgfältig. Den-noch beschimpfen wir unsere Artgenossen gerne als solche sowie des Weiteren als Affen, Horntiere, Kamele oder Rindviecher. Gegenüber

Männern ist »Ochse« besonders beleidigend, da dieser ja kastriert ist, während Frauen oft als Gänse, Hühner oder Puten bezeichnet werden. Die einfachen Tiernamen können Sie durch Zusätze noch besser auf bestimmte Mängel des Beschimpften hin zuspitzen, denken Sie an »Blödhammel« und »Krampfhenne«, an »Fettqualle« und »Psychoziege«. Lediglich albern ist die »Hupfdohle« sowie die bekannte »Jodelschnepfe«, der in Loriots Sketch die »Winselstute« entgegengeschleudert wird. Bei der Entwicklung ausführlicherer Vergleiche sind Ihnen darüber hinaus kaum Grenzen gesetzt.

> herumflattern wie ein geköpftes Huhn
> glotzen wie eine Kuh, wenn's donnert
> dastehen wie der Ochs vorm Berg, vorm
>   Scheunentor
> verrückt wie eine Scheißhausratte
> als Mensch zu dumm, als Schwein zu
>   kleine Ohren

In lustvollen Schimpfduellen sollten Sie als kreativer Sprecher phantasielose Vorwürfe wie »dumme Kuh« durch vertrackte Fragen ersetzen.

> Du bist wohl beim Lehrer Ochs in die
>   Schule gegangen?
> Deine Eltern sind wohl im Schlachthaus
>   gestorben?

Dich hat man wohl mit einer Mohrrübe aus
 dem Urwald gelockt?

Oder bilden Sie auch hier doppelte Vergleiche,
indem Sie das für eine bestimmte Aufgabe am
wenigsten geeignete Tier wählen.

 begabt für etwas wie ein Schwein zum
  Stabhochsprung
 für einen Job geeignet wie ein Igel zum
  Arschabwischen

Besonders geistreich sind Beschimpfungen, die
man nicht gleich als solche erkennt. Während
man die erstgenannte als sympathische Selbst-
ironie auffassen kann, ist deren arglistige Um-
formulierung eine Beleidigung, die man ihrer ver-
schleierten Dreistigkeit wegen vielleicht sogar
überhört.

 Ich bin nicht so dumm, wie ich aussehe.
 Ich bin nicht so dumm, wie Sie aussehen.

Ein besonders gelungenes Beispiel dieser raffi-
nierten Beschimpfungsform zitiert Sigmund
Freud in seiner Arbeit über den Witz:

 Eitelkeit ist eine seiner vier Achillesfersen.

Da heißt es grübeln: Achillesfersen, sind das
nicht die Sehnen über den Fersen? Aber warum

denn vier? Menschen haben doch nur zwei?
Oh …
Auch die folgenden Aussagen klingen nur so
lange wie ein Lob, bis man genauer darüber
nachdenkt.

vielseitig unbegabt
Universaldilettant
Experte für Inkompetenz
einfach, aber simpel!
Eine tolle Lösung, leider passt sie nicht zu
    unserem Problem.

Abschließend können Sie dann hinterhältig fragen.

Was sagen denn Sie als Unbeteiligter zum
    Thema Intelligenz?

3

Aschenblödel trifft Dummzilla. Kreative Verballhornungen

Wie die Fleischereifachverkäuferin fragen wir nun »Darf's ein bisschen mehr sein?«, denn der Vorrat der Schimpfwörter ist noch lange nicht ausgeschöpft. Manchmal genügt es, einen einzigen Buchstaben zu ändern oder zwei bekannte Wörter zusammenzuschrauben.

Globetrotter — Globetrottel
Blondine + Blindschleiche = Blond-
schleiche

Viele Ausdrücke stammen aus dem Schlagabtausch zwischen den vermeintlich Schlauen und den vermeintlich Dummen. Gerade Menschen, die sich selbst als besonders klug oder gebildet einschätzen, halten andere oft für primitiv. Um den geistigen Abstand zu betonen, deuten sie gerne die Fachausdrücke der eigenen Wissenschaft gehässig um.

einstelliger IQ, Einzeller, geistige Amöbe, Plattfisch
Intelligenzallergiker, den IQ eines Pappkartons haben, IQ-Abstinenzler
suboptimale Intelligenz, unterkomplexes Denken
kognitiv herausgefordert, solides Halbwissen
ausbildungsmüde, beratungsresistent
geistige Querschnittslähmung
humanoide Minimalkonfiguration

HONK (Hauptschüler ohne nennenswerte
  Kenntnisse)
DAU (dümmster anzunehmender User)
Alltagslegastheniker, Bildungszombie,
  Humankapitalschwäche
Siegelbewahrer der Dummheit, Weltmeister
  des Schwachsinns

Viele dieser Wendungen sind in einer bestimmten Situation entstanden und bleiben daher Scherze in einem kleinen Kreis. So findet man »Du einprozentige Hekatombe!« nur dann lustig, wenn man weiß, dass »Hekatombe« ursprünglich ein Opfer von 100 Rindern war.

Falls hingegen ein Prominenter im Fernsehen eine griffige neue Gemeinheit äußert, werden Millionen sie hören, toll finden und in ihren eigenen Wortschatz übernehmen. So verbreitete der Kabarettist Volker Pispers die griffige Beschreibung »ein IQ knapp über Körpertemperatur« und sein Kollege Martin Buchholz spricht von der »Verführung Minderdenkender«.

Zahlreiche Schimpfwörter belegen, dass jede neue Technik und jede gesellschaftliche Entwicklung zügig in die Redewendungen eingeht. Gehen Sie mit dem Zeitgeist und zeigen Sie Innovationsfreude!

Anwärter auf einen Hirnschrittmacher
Pisaner

Es wundert nicht, dass die als dumm Bezeich-
neten zurückschlagen und Ausdrücke prägen,
die übertriebene, einseitige oder allzu dreist auf-
tretende Intelligenz verspotten.

Kopfgeburten, kopflastig, verkopft
überklug, überschlau, verbildet
Akadämliker, Stupidienrat
Dem Philosoph ist nichts zu doof.
Gescheit — gescheiter — gescheitert!
Cleverle, Fachidiot, Intelligenzbestie,
    Schlaumeier

intelligent und überheblich:
    Besserwisser, Klugscheißer, Maulheld,
    Neunmalkluger, Rechthaber, Sieben-
    gescheiter
nur scheinbare Klugheit:
    Möchtegern-Philosoph, Pseudo-
    Gelehrter
intelligent und übergenau:
    oberlehrerhaft, pedantisch, pingelig,
    schulmeisterlich
Kleinigkeitskrämer:
    Ameisenficker, Beckmesser, Erbsen-
    zähler, Fusselsucher, Haarspalter,
    i-Pünktchen-Scheißer, Mäusemelker,
    Paragraphenreiter, Wortklauber

Unaufmerksame Zuhörer kann man wunderbar
durch Fangfragen aufs Kreuz legen. Im folgen-

den Beispiel scheint der Gefragte seine Dummheit selbst unter Beweis zu stellen.

> A: Weißt du, was schlaue Leute zum Frühstück essen?
> B: Nein — ?
> A: Das dachte ich mir schon …

Besonders gemeine Bemerkungen finden sich im Internet unter Überschriften wie »Fertigmachsprüche«, hier sind ein paar harmlosere ausgewählt.

> Lieber künstliche Intelligenz als natürliche Dummheit.
> Gibt's dich auch in schlau?
> Bewerb dich doch für »Deutschland sucht den Supertrottel«!
> Wie wär's mit einem *push-up brain*?
> Dein Kopf ist auch nur eine Sicherungskopie des Hinterns.

Um mehr Abwechslung in seine Verspottungen zu bringen, kann man schließlich noch Zitate, Sprichwörter und Werbesprüche verballhornen oder kreativ ausbauen. Die Beispiele zeigen, dass sich erstaunlich viele Ausdrücke aus ganz unterschiedlichen Bereichen in Gemeinheiten umformen lassen. Wobei es natürlich besonders viel Spaß bereitet, handverlesene Perlen der Hochkultur vor die dummen Säue zu werfen.

Bibel:

Selig die Armen im Geiste! (Jesus im *Neuen Testament*)

Der Geist weht, wo er will — aber bei dir ist schon wieder Flaute!

Heilige Einfalt! (mit humanistischer Bildung besser: »*sancta simplicitas*«! Oder gleich lateinisch verschärft: »*sancta stultitia*«!)

Oh Herr, schmeiß Hirn vom Himmel!

Weltliteratur:

Ist es auch Wahnsinn, hat es doch Methode. (Shakespeare, *Hamlet*)

In der Beschränktheit zeigt sich erst der Meister. (Verballhornung eines Ausspruchs von Goethe)

Hier steh ich nun, ich armer Tor. (Goethe, *Faust I*)

Edle Einfalt, stille Größe. (Winckelmanns Lob der antiken griechischen Skulpturen)

Filme:

Elementar, mein lieber Watson! (Sherlock Holmes zu seinem eher schlichten Helfer)

Aschenblödel (Filmkomödie mit Jerry Lewis)

Dummzilla (nach dem Monster aus den Godzilla-Filmen)

Werbung:

Sind wir nicht alle ein bisschen bluna?
(Limonadenwerbung)

Du bist so dumm, du schwimmst sogar in
Milch! (Werbung für einen Schokoriegel)

Nie war er so dämlich wie heute. (Verballhornung einer Werbung für einen Kräuter-
geist)

Geflügelte Worte und Volkstümliches:

Irren ist menschlich — aber du bist schon
übermenschlich!

Bin ich auch klein, bin ich doch dumm.

Wissen ist Macht — nichts wissen macht
auch nichts.

Verstand ist unser höchstes Vermögen,
aber Armut schändet nicht.

Torheit schützt vor Alter nicht.

1, 2, 3, 4, 5, 6, 7 — wo ist denn dein Hirn
geblieben?

Stumpfsinn, Stumpfsinn, du mein Ver-
gnügen (Refrain eines Trinkliedes)

Unter Eingeweihten lassen sich auch bekannte
Witze in den Alltag übernehmen. So ruft in einem
Witz über eine Pflanzaktion der Vorarbeiter immer wieder »Das Grüne nach oben!« in die Rei-
hen seiner mäßig begabten Hilfstruppen. Folg-
lich kann der Ruf »Das Grüne nach oben!« auch
Kollegen ermahnen, selbstverständliche Tatsachen zu beachten. Als geeignete Antwort auf

eine auserlesen dämliche Behauptung hingegen empfiehlt sich.

Na klar, und die Erde ist 'ne Scheibe!

Kaum zum wirklichen Beschimpfen eignen sich die oft sehr gesucht wirkenden Ausdrücke, die Sie im Internet unter Schlagwörtern wie »Weicheier-« und »Harteierlisten« finden. Dennoch machen sie Lust, maßgeschneiderte eigene Prägungen zu erfinden.

Dieses Sprachspiel begann mit dem Ausdruck »Warmduscher« für sehr empfindliche Personen, die alles besonders richtig machen möchten und gerade daher auffallend dämlich handeln. Viele weitere Spottnamen für solche Sensibelchen enthalten die Weicheierlisten.

Glatzenföhner
Kissenknicker
Polizistengrüßer
Schwarzfahrtbeichter

In den Harteierlisten der Gegenpartei findet man Ausdrücke für furchtlose Kerle, die es tollkühn mit jeder Gefahr aufnehmen.

Dosensuppenkaltesser
Falschfahrerüberholer
Pitbulltreter
Russenmafiabescheißer

Bleiben noch die politisch besonders unkorrekten Schimpfwörter, die von Krankheiten, vor allem von sogenannten »Geisteskrankheiten« abgeleitet und dabei gehässig verdreht werden.

> nicht Herr seiner Sinne sein, nicht zu retten
> sein
> geisteskrank, krank im Kopf, mondsüchtig,
> närrisch
> debil, irre, irrsinnig
> wahnsinnig, des Wahnsinns fette Beute
> Debilo, Hirni, Idiot, Kretin, Primitivo,
> Psycho, Schizo
> Spacko, Spackomat; Spast, Spasti
> den Jagdschein 51 haben (der frühere § 51
> betraf die Unzurechnungsfähigkeit)

Zu den politisch unkorrekten Schimpfwörtern gehören auch gereimte Frechheiten und sogenannte »Sponti-Sprüche«.

> Mongo mit der Bongo
> Epiläppi, aber häppi.
> Lieber schizophren als ganz allein.

Ebenso phantasievoll werden die Begleiterscheinungen ernster Störungen beschrieben.

> Nervenzusammenbruch:
> einen Föhn kriegen; die Krise, Krätze
> kriegen

Impulsdurchbruch:
  Koller, Rappel, Räppelchen, Schrei-
  krampf, Tobsuchtsanfall;
  ausflippen, durchdrehen, verrückt werden, zuviel kriegen
Alkoholmissbrauch:
  Komasaufen, Komatrinken, Säuferwahn
Halluzinationen:
  einen kleinen Mann im Ohr haben,
  weiße Mäuse sehen
Ich-Verdoppelung:
  einen neben sich gehen haben, einen
  Schatten haben

Früher hat man Psychiatriepatienten in Zwangs-
jacken oder Gummizellen gesteckt, damit diese
weder sich noch andere verletzen. Obwohl solche Methoden, zumindest in Deutschland, immer stärker abgelehnt werden, tauchen sie noch
häufig in Redensarten auf. Psychiatrische Klini-
ken sind moderne Nachfahren früherer »Narren-
häuser« oder »Tollhäuser«. Der umgangssprach-
liche Ausdruck »Klapsmühle« erinnert an lär-
mendes Klappern und schwindelerregendes
Drehen.

  reif für die Zwangsjacke
  eine Ich-hab-mich-lieb-Jacke, ein Jäck-
    chen ohne Ärmel brauchen
  Sollen wir die fahrbare Gummizelle be-
    stellen?

Na, hat die Klapsmühle heute Ausgang, Be-
triebsausflug?

Wer sich genauer ausdrücken will, setzt den Namen der jeweils regional zuständigen Klinik ein,
etwa »Haar« oder »Garbasee« in Oberbayern,
»Steinhof« oder »Gugging« in Wien, »Puntigam
links« in Graz. Sie können diese Ortsnamen
auch in Spottverse einbauen.

Garbasee mach's Türchen auf,
der/die (Name) kommt im Dauerlauf!

4

Wenn Tranfunzeln
im Nebel stochern.
Im finsteren Reich
der Dummheit

Pflanzen, Tiere und Menschen können ohne Licht und Wärme nicht leben. Viele frühe Kulturen verehrten darum die Sonne als lebensspendende Gottheit und feierten die Wintersonnwende als Verheißung eines neuen Frühlings. Antike Sonnengötter wie Mithras und Apoll verkörperten die Macht der Sonne, und auch die großen Weltreligionen verknüpfen das höchste Wesen mit dem Licht. So haben Propheten und Religionsstifter »Erleuchtungen« und bringen den Gläubigen das »Licht der Erkenntnis«.

Im Alltag vergleichen viele Redewendungen den menschlichen Geist mit dem Licht und das Verstehen mit dem Sehen. Wer etwas genau sehen will, braucht gesunde Augen und einen guten Standort. Folgerichtig führt man mäßige Geisteskräfte auf vielerlei Sichthindernisse, Sehfehler oder auf die Dunkelheit des Geistes selbst zurück.

Geistige Beeinträchtigungen werden als vorübergehende oder dauerhafte Sichthindernisse aufgefasst, die manchmal selbst verschuldet sind.

etwas nicht durchschauen, keine Einsicht gewinnen, uneinsichtig

Scheuklappen tragen

etwas befindet sich im blinden Fleck (Stelle der Netzhaut, wo der Sehnerv mündet)

etwas befindet sich im toten Winkel (Bereich, den ein Autofahrer nicht einsehen kann)

benebelt (etwa durch Alkohol), im Nebel
    stochern
ein Brett vor dem Kopf haben
Knöpfe, Tomaten auf den Augen haben
einen engen Horizont haben, nicht über
    den Tellerrand blicken können, ein Hori-
    zont wie ein Suppenteller
hinter dem Mond leben
Häschen in der Grube spielen
den Kopf in den Sand stecken, Vogel-
    Strauß-Politik

Wenn es gut geht, öffnen sich die Augen irgendwann wieder oder die Sichthindernisse ver-
schwinden.

jemandem die Augen öffnen, jemandem
    gehen die Augen auf
es fällt einem wie Schuppen von den
    Augen

Wer andere dumm halten will, macht daher wichtige Tatsachen ganz gezielt unsichtbar.

Pokerface, undurchdringliche Miene
im Trüben fischen (wo der Fisch den im
    Köder versteckten Haken nicht sieht)
etwas bleibt schleierhaft, Tatsachen
    verschleiern
Bemäntelung, Camouflage, Feigenblätter
    anbringen, Tarnung

nebulöse Ausdrucksweise, Tatsachen
   vernebeln
Nebelwerfer, sprachliche Nebelkerzen
   zünden
dunkle Wendungen, jemanden im
   Dunkeln tappen lassen, eine Sache
   verdunkeln
jemandem Sand in die Augen streuen
ein Problem unter den Teppich kehren
ein Problem unterpflügen
warten, bis Gras über eine Sache
   gewachsen ist

Die Gegenseite bemüht sich natürlich ebenso
emsig, das sorgfältig Verhüllte zu enthüllen. Mit
guten Gründen ist die »Aufklarung« nach dem
Regen eng verwandt mit der geistigen »Aufklä-
rung«.

jemanden, etwas aufklären
den Schleier lüften, etwas aufdecken,
   etwas enthüllen
etwas durchleuchten, Röntgenblick
jemanden bloßstellen, jemanden entlarven
   (Larve = Maske)

Wer Dummheit auf einen Sehfehler zurückführt,
sollte zwei Unterschiede beachten. Für Augen-
ärzte sind Weit- und Kurzsichtigkeit ähnliche
Probleme, die beide mit einer Brille behoben
werden. Beim Denken hingegen ist zwar »kurz-

sichtig« ebenfalls schlecht, »weitsichtig« hingegen wünschenswert, da gerade der Blick in die Zukunft langfristige Planungen erlaubt. Ferner gilt Blindheit oft als ein selbst verschuldetes Nicht-Sehen-Wollen.

> fehlsichtig, kurzsichtig
> Tunnelblick
> einen Knick in der Optik haben
> sich verpeilen
> keinen klaren Gedanken fassen können, nicht mehr klar im Kopf sein
> stark getrübter Blick, trübe Tasse
> blindlings handeln, fremde Ansichten blindgläubig übernehmen
> das Offensichtliche nicht sehen wollen
> Das sieht doch ein Blinder mit dem Krückstock!

Der Ausdruck »klar« kann nicht nur Gesichtseindrücke, sondern auch Töne beschreiben. Darum gibt es neben dem Gegenteil »trüb« als zweites Gegenteil »dumpf« — was darüber hinaus sehr ähnlich klingt wie »dumm«.

> dumpfe Ahnungen, dumpfe Gleichgültigkeit
> Dumpfbacke, Dumpfhirn

Wenn man den Geist als erhellendes Licht auffasst, wird folgerichtig die Dummheit mit einer schwachen Lichtquelle oder mit Dunkelheit gleichgesetzt.

kein sehr heller Kopf sein, nicht sehr hell
    auf der Platte sein
nur ein kleines Licht, Kirchenlicht sein
Tranfunzel
im Oberstübchen brennt kein Licht
Dämmerzustand, vor sich hindämmern
geistige Umnachtung, kaum noch lichte
    Momente haben
keinen blassen Dunst von etwas haben,
    nicht den Schimmer einer Ahnung haben

Die letzte Wendung illustriert zugleich sehr schön, wie man einen Ausdruck immer weiter steigert. Wer nur eine »Ahnung« von etwas hat, weiß schon nicht viel. Wer »keine Ahnung« hat, weiß also gar nichts. Und wer »nicht den Schimmer einer Ahnung« hat, weiß noch weniger als nichts.

5

Zu weich, zu klein, leer. Schlimme Gehirnfehler

Weil heute jeder weiß, dass wir mit dem Gehirn denken, kann man dummes Denken auf Schäden des Gehirns zurückführen. Manche davon bestehen schon »ab Werk«, andere werden erst durch äußere Gewalt erzeugt.

Haben Sie nicht auch schon öfters vermutet, jemandes Gehirn würde dauerhaft fehlen? Dann greifen Sie einfach tief ins Schatzkästlein gemeiner Vorwürfe! Gerade hier ist der Volksmund nämlich besonders kreativ und vergleicht den Kopf mit vielen leeren oder entleerten Dingen.

hirnamputiert, hirnlos, hirntot

gedankenlos, geistlos, geisttötender Vortrag

Hirnschwund, Hohlkopf

Phantomschmerzen im Hirn haben

sich das Hirn wegkiffen, -saufen, -twittern …

seines Verstandes beraubt

Windbeutel (hohles Gebäck)

taube (hohle) Nuss

Ein Kopf wie eine Kokosnuss: außen hart und innen hohl!

Niete, Null, Nulpe

ein Vakuum im Schädel haben

ein schwarzes Loch im Kopf haben

Ziemlich rüde Sprüche unterstellen ebenfalls gähnende Leere im Kopf.

Hat einer die Null gewählt, dass du dich
   meldest?

Leg mal deinen Schädel zum übrigen Leer-
   gut!

Ich wollte mich geistig mit dir duellieren,
   aber du bist ja unbewaffnet.

Willst du nicht deinen Kopf als Airbag
   vermieten?

Dir hat man wohl das Gehirn geklaut,
   ausgelöffelt?

Hast du ein Glück — kannst nie eine
   Gehirnerschütterung bekommen!

Du hast dein Gehirn wohl an der Garde-
   robe abgegeben, zur Inspektion
   gebracht?

Große Klappe, nichts dahinter!

Halt dir mal die Ohren zu, es zieht!

Dein Kopf ist ja implosionsgefährdet!

Hast du dein Gehirn zum Spielen nach
   draußen geschickt?

Mensch, lass endlich eine Hohlraum-
   versiegelung machen!

Wenn du eine Fliege verschluckst, hast du
   mehr Gehirn im Magen als im Kopf.

Schon wieder »oben ohne« unterwegs?

Du hast den Kopf auch nur, damit es nicht
   in den Hals regnet!

Bei dir ist Goethe auch nicht vorbei-
   gekommen.

Ein Kind ohne Kopf ist ein Krüppel fürs
   Leben.

Sollten Sie neben dem angeblichen Hohlkopf stehen, können Sie ihm auch in ein Ohr schauen und gehässig sagen »Oh, das Licht am Ende des Tunnels«.
In weniger schlimmen Fällen arbeitet das Gehirn nur vorübergehend oder nur teilweise nicht.

Denkpause, geistesabwesend, hirnfreie
Unterhaltung
aussagefreie Wahlrede, inhaltsarmer Vortrag, nichtiges Gespräch
einen Aussetzer haben, gedankenlos, ohne
Verstand handeln, unbedacht
etwas bringt einen um den Verstand,
den Kopf verlieren, kopflos handeln
Gedächtnislücken, Gedächtnisverlust,
Wissenslücken

Da das Gehirn ein Behälter für Gedanken ist, können preiswerte Sparversionen natürlich nur ein bescheidenes Häuflein Gedanken fassen.

Flachbirne, Flachschädel, Schrumpfhirn
engstirnig, etwas geht einem nicht in den
Kopf, vernagelt
jemand hat den Kopf zu voll, jemandem
platzt der Kopf
geistig obdachlos, nicht für fünf Pfennig
Verstand haben
In deinem Kopf sind weniger Gedanken als
Tannennadeln auf einem Osterei.

das Gehirn einer Laus haben, Spatzenhirn
Was heißt hier Erbsenhirn? Dann müsste
(Name) es ja erst mal aufblasen!
XXS-Hirn (nach sehr kleiner amerikanischer
Kleidergröße)
An deinem Hirn könnte man gut Nano-
teilchen untersuchen.

Aber selbst ein hinreichend großes Gehirn funktioniert manchmal nur beklagenswert mangel-
haft.

Schwachkopf, Schwachmatikus, Schwachsinn
gedankenarm, geistesarm
dünn angerührt
geistig minderbemittelt, Intelligenzminde-
rung, minderbegabt
Gehirnlähmung
sich an einem Problem verheben
eine Gripsmassage brauchen
Köchelt dein Hirn mal wieder auf Spar-
flamme?
Gibt's Schwachsinn jetzt in der Familien-
packung?

Auch rhetorische Fragen unterstellen gerne einen behandlungsbedürftigen Zustand.

Wird's schlimmer?
Aber sonst fühlen Sie sich wohl?

58

Sie sind wohl nicht ganz gesund?
Was sagt denn dein Hausarzt dazu?

Gutes Denken braucht seine Zeit, es darf daher
weder zu hastig noch zu träge sein.

> aus der Hüfte schießen (schnell, aber
>   wenig treffsicher)
> geistiger Schnellschuss
> Erst denken, dann reden!
> Denk schon mal nach, ich komm über-
>   morgen wieder vorbei.
> Während du denkst, verschimmelt Obst.

Auch die Konsistenz des Gehirns hat einen op-
timalen mittleren Zustand. Am häufigsten be-
klagt wird ein zu weiches oder zu klebriges Gehirn.

> Gehirnerweichung, Matschkopf, Pappkopf
> weiche Birne, weicher Keks
> Lieber 'ne weiche Birne als gar kein Obst.
> Hier riecht's ja so nach Obst — du hast
>   wohl 'ne weiche Birne?
> Mus im Hirn
> sich das Gehirn pürieren, weichspülen
>   lassen
> Hol mal das aufgeweichte Brötchen aus
>   deinem Kopf!
> pflaumenweiche Argumente, schwammige
>   Redeweise

blauen Dunst von sich geben, Wortnebel,
  Wortwolken
Dir hat man wohl das Hirn verkleistert!
zähe Substanzen:
  Sülze im Kopf, Sülzgehirn, Trankopf
Fasern ohne Zusammenhalt:
  Häcksel, Spreu im Kopf; Strohkopf,
  Torfkopf
nicht gar gebacken sein, nicht mehr ganz
  frisch sein
Du Pflaume!
große Rosinen im Kopf haben (allzu hohe
  Erwartungen)

Beschimpfen Sie aber auch beherzt allzu harte
Gehirne, denn diese denken viel zu starr.

halsstarrig, starrsinnig
fixe Ideen haben
Holzkopf
Klopf dir mal die Sägespäne von den
  Schultern!
Zieh besser einen Rollkragenpullover an,
  man sieht das Gewinde!
Betonkopf, eiserne Gewohnheiten; mit
  dem Kopf durch die Wand wollen; rigide,
  unflexibel handeln

Schließlich sollte das Gehirn noch vollständig
gefüllt und ordentlich aufgeräumt sein.

lückenhaftes Wissen

Bildungslücken wie Bombentrichter

ein Gedächtnis wie ein Nudelsieb

Ein Hirn wie das Bermudadreieck: Was
    reinkommt, verschwindet sofort.

Fühlt sich der eine Gedanke nicht einsam
    in deinem Kopf?

Chaot, durcheinander, zerstreut

nicht ganz richtig (im Oberstübchen) sein

nicht alle Tassen im Schrank haben

nicht alle beieinander, nicht alle beisam-
    men haben

nicht alle Rillen auf der Erbse haben

Du könntest mal dein Hirn entrümpeln!

6

Triller, Schläge, Sockenschüsse. Allerlei Dachschäden

Jeder erlebt immer wieder, dass Dinge kaputtgehen und unbrauchbar werden. Unterstellen Sie also, dass allzu bescheidene Geisteskräfte durch »Dachschäden« entstanden sind, die von bloßen Verschmutzungen bis zur völligen Zertrümmerung des Gehirns reichen.

Die harmloseste Beschädigung ist die Verunreinigung, die drastische Redewendungen gern auf peinliche Ursachen zurückführen.

> beschmierte Idee
> Fusseln im Hirn, Spinnweben
> den Garten seines Verstandes jäten
> Du solltest mal wieder dein Oberstübchen
>   entstauben!
> Bring mal dein Gehirn in die Reinigung,
>   Waschanlage!
> einen Furz im Hirn haben
> Dir hat man wohl ins Gehirn geschissen?
> Klugscheißer, Mistkerl, Pisskopf, Scheiß
>   kerl, Schleimscheißer
> Arsch mit Ohren, Arschgeige, Arschgesicht,
>   Arschloch
> Armleuchter (Beschönigung von »Arsch
>   loch«)

Durch eine kleine Verschiebung können Sie vom verschmutzten Gehirn dazu übergehen, dessen Erzeugnisse mehr oder weniger drastisch mit Exkrementen zu vergleichen.

Dummes reden:
　　Bockmist, Eselscheiße, gequirlte Katzen-
　　scheiße, Mist, Schafscheiße, Scheiße
hemmungslose Geschwätzigkeit:
　　geistiger Dünnschiss, Logorrhöe, Sprech-
　　durchfall

Oder glauben Sie, das Gehirn sei durch Lärm
beschädigt worden? Das ist auch medizinisch
glaubwürdig, denn durch Überforderung können
Ohrgeräusche (Tinnitus) entstehen, und auch
heftiger Lärm schadet dem Ohr und dem dahinter liegenden Gehirn.

　　jemandem brummt, dröhnt, schwirrt der
　　　Kopf
　　Drogenmissbrauch:
　　　sich volldröhnen, zugedröhnt
　　einen Tick haben
　　einen Knall haben; Knalldepp, Knallkopf,
　　　Knalltüte
　　durchgeklatscht, einen an der Klatsche
　　　haben
　　es rappelt im Dachgebälk

Alle Warmblüter haben es gerne kuschelig. Fragen Sie daher vorsichtig nach, ob vielleicht sen-
gende Hitze oder strenger Frost dem Gehirn ge-
schadet haben.

　　jemandem raucht der Kopf

hirnverbrannte Idee
man hat jemandem das Hirn frittiert
im Oberstübchen ist zu stark eingeheizt
Du bist wohl zu lange in der Sonne ge-
     legen?
Dich hat man wohl zu heiß gebadet?
Frost im Kopf haben, schockgefrostetes
     Hirn
jemandem hat's in die Chaise (Kinder-
     wagen) geschneit

Schnelle Drehbewegungen machen zwar Karus-
sells und Achterbahnen beliebt, schaden aber
ebenfalls auf Dauer dem Gehirn.

das Gedankenkarussell nicht anhalten
     können
durchgedreht (wie eine Schraube, es
     könnte aber auch Hackfleisch sein)
nur noch rotieren
verschwurbeltes Gerede
in die Klapsmühle gehören

Tiere beschädigen das Gehirn durch Picken,
durch schrille Geräusche, oder weil sie einfach
eklig sind.

einen Vogel haben, eine Meise (unterm
     Pony) haben
Tock-tock, der Waldspecht! (lautmale-
     rische Äußerung beim Vogelzeigen)

einen Pieps haben, einen Triller haben
Grillen im Kopf haben
Raupen, Regenwürmer im Kopf haben
Fledermäuse im Glockenturm haben
vom wilden Affen gebissen
von der Tarantel gestochen
wurmstichige Theorie

Heftiges Nachdenken lässt das Gehirn von innen heraus zerbröseln. Bei anderen Wendungen bleibt offen, worin genau der Schaden besteht und wie er entstanden ist.

sich das Hirn zermartern, sich den Kopf
    zerbrechen
jemandem platzt der Kopf
hirnrissig
einen Dachschaden haben
eine Ecke ab haben
einen Fimmel haben
einen an der Waffel haben
einen Haschmich haben
durch den Wind sein

Eine weitere Unfallursache sind Zusammenstöße und Stürze. Ferner ist es allgemein bekannt, dass empfindliche Oberflächen bei grober Behandlung leiden.

auf den Kopf gefallen, gegen die Pumpe
    gelaufen

gucken wie vom Bus gerammt
bescheuert, durchgeschmirgelt
Besonders schädlich sind Schläge auf den Kopf.
Nur scherzhaft behauptet man »Leichte Schläge
auf den Hinterkopf erhöhen das Denkvermögen«.

schwerwiegende Schäden:
behämmert
einen Hau haben, einen Klaps haben,
	einen Schlag weg haben
beknackt sein, einen Knacks haben

harmlosere Schäden:
	einen Spleen haben, einen Tick haben
bekloppt (niederdeutsch von »klopfen«)
angepritscht
einen Klopfer, einen Preller haben (baye-
	risch)
eine Macke haben (jiddisch, Macke =
	Schlag)

Wenn's noch phantasievoller sein soll, dann nennen Sie zusätzlich das verwendete Werkzeug
oder prägen eine besonders absurde Wendung.

	einen Schlag mit der Pfanne, Schuhbürste
	bekommen haben
mit dem Plumpsack geschlagen
mit dem Klammerbeutel gepudert
mit der Pauke gepiekt

einen Stich haben
einen Schuss, Sockenschuss haben

Wer also sein kostbares Denkorgan noch lange benutzen möchte, sollte es gut pflegen und notfalls nur mit Sturzhelm unterwegs sein.

7

Spinner und Seerosengießer. Handwerk ohne goldenen Boden

Werkzeuggebrauch ist eines der deutlichsten Zeichen von Intelligenz und tritt bereits bei hoch entwickelten Tieren auf. Menschenaffen stochern mit Zweigen nach Insekten, knacken Nüsse mit Steinen und tunken Wasser mit Blattbüscheln auf. Andere Tiere sind sogar ohne Hände sehr geschickt, denn Kraken öffnen Schraubgläser und Rabenvögel biegen mit dem Schnabel Drähte zurecht, um Leckerbissen aus einem Glas zu angeln.

Denken beschreiben wir so, als würden wir unsere unsichtbaren Gedanken handhaben. Wir »wälzen Probleme«, »säen Zweifel « oder »kramen in Erinnerungen«. Viele Handwerksberufe und sogar deren Werkzeuge sind in solche Redewendungen eingegangen — wir »setzen den Hebel an«, »feilen« an einer Rede oder müssen etwas »ankurbeln«. Und obwohl wir das Innenleben unseres Computers kaum verstehen, behaupten wir recht anschaulich, er würde »Daten hin- und herschaufeln«.

Der Albtraum jedes Handwerkers sind begeisterte Laien, die Schrauben mit dem Meißel eindrehen oder Nägel mit der Kneifzange einschlagen. Prägen Sie also kreative Wendungen, in denen der Dummkopf ein möglichst ungeeignetes Werkzeug benutzt!

mit Kanonen auf Spatzen schießen
eine Gehirnoperation mit der Spitzhacke
   machen

Pizzateig mit der Dampfwalze ausrollen
Geh ruhig weiter mit dem Drahtkorb Milch
holen!

Oder führen Sie dämliches Scheitern auf man-
gelnde Geschicklichkeit zurück.

sich an einem Problem verheben
auf dem Schlauch stehen, etwas nicht
raffen
etwas nicht auf die Reihe kriegen
etwas zusammenschustern
nicht vom Bau sein
ein Projekt in den Sand setzen
Flickwerk, Kindergartenbastelei
Mist verzapfen, Scheiße bauen
seinen Einsatz verpassen, etwas vergeigen
eine Begründung knirscht
wie ein Schwein ins Uhrwerk schauen

Lernen wird gern mit Nahrungsaufnahme verglichen. Besonders schlimm ist es daher, wenn
jemand sogar zum Essen zu blöd ist.

etwas nicht gelöffelt haben
Du hast wohl die Suppe der Weisheit mit
der Gabel gegessen?
eine Denkdiät machen, geistig unterernährt,
Magersucht im Hirn
Light-Denker, nährstoffarme Gedanken

Umgekehrt kann man auch besonders tolle Leistungen mit absurden Vergleichen loben.

> mit allen Wassern gewaschen sein
> hinter allen Türen gestanden haben
> Eskimos Kühlschränke verkaufen können
> einem rennenden Gaul alle vier Hufeisen
> annageln können

Mit ganz ähnlichen Bildern können Sie auffällige Langsamkeit veräppeln.

> der ist so lahm, dem kann man beim
> Gehen die Schuhe besohlen
> während der die Schuhe bindet, sind
> andere schon wieder zu Hause

Dumme Gedanken vergleichen Sie am besten mit wertlosen oder abgenutzten Dingen.

> alter Hut, Blech, kalter Kaffee, Käse,
> Schmarrn
> heiße Luft, Seifenblasen produzieren
> Behauptungen aus der Luft greifen
> abgedroschene Phrasen, leeres Stroh
> dreschen
> unausgereifte Darstellung, ein Windei legen
> Dampfplauderer, Hirnwichser, Schaum-
> schläger, Windbeutel, Windmacher
> Behauptungen zerfleddern
> abgegriffene, abgenutzte Gedanken

baufällige, brüchige, morsche Theorien
altersschwache, gebrechliche Ansichten

Jede Kultur kennt Erzählungen, die sich über
Dummköpfe lustig machen. Man erinnere sich
an die Schildbürger, die beim Hausbau die Fenster vergaßen und später das fehlende Licht in
Eimern hineintragen wollten. Vor allem angesichts selbst verschuldeter Dämlichkeiten laufen
wir in peinlichen Vergleichen zur Höchstform
auf.

nicht eins und eins zusammenzählen
können
den Wald vor lauter Bäumen nicht sehen
zwei Hasen mit einem Hund fangen wollen
das Pferd vom Schwanz her aufzäumen
den Ochsen hinter den Pflug spannen
das Licht mit dem Hammer ausmachen
etwas nicht gebacken bekommen
kaltes Eisen schmieden
von Tuten und Blasen keine Ahnung haben
gegen den Wind pinkeln

Neben diesen klassischen Beispielen gibt es
auch frischere — lassen Sie sich von ihnen zu
eigenen phantasievollen Unterstellungen anre-
gen! Also los: »Du bist doch jemand, der …«.

die Treppe von unten nach oben putzt
das Brot von der falschen Seite buttert

nicht die Stiele an die Kirschen gemacht
  hat
den tiefen Teller nicht erfunden hat
mit Tipp-Ex auf dem Bildschirm verbessert
seine eigene Unterschrift nicht fälschen
  kann
das Kaffeewasser anbrennen lässt
im U-Boot kurz mal lüftet
seinen Schatten wegputzen möchte

In ebenso bildhaften Wendungen tut der Naturdepp etwas restlos Überflüssiges oder völlig
Absurdes.

Eulen nach Athen tragen
Raben waschen
Wasser in den Rhein schütten
Sand in die Sahara karren
Bananen gerade biegen
Seerosen gießen
einen Stier melken wollen
einen Pudding an die Wand nageln wollen

Weit fortgeschrittene Quadratesel schließlich
schaden sich sogar selbst.

den Finger in der Nase verstauchen
einen Griff ins Klo tun
sich selbst ein Bein stellen
sich ins eigene Fleisch schneiden
sich ins eigene Bein schießen

den Ast absägen, auf dem man sitzt

ein Eigentor schießen

Na, wieder mal einen Bumerang weg-
geworfen?

beim Handgranatenwerfen vorsichtshalber
bis 50 zählen

sich sein eigenes Grab schaufeln

Seit Jahrtausenden stellen Menschen Fäden her und verarbeiten diese zu Netzen und Geweben. Zahlreiche Redensarten von »etwas einfädeln« bis zum »World Wide Web« greifen diese alten Kulturtechniken wieder auf. Während jedoch das Spinnen, Flechten und Weben in vorindus- trieller Zeit wichtige Heimarbeiten waren, sind viele Teilschritte heute vergessen (»etwas durch- hecheln«) oder wurden ins Schlechte gewendet. Besonders deutlich ist diese Bedeutungsum- kehr beim Verb »spinnen«. Eine Spinnerin ver- wandelt Unordnung in Ordnung, indem sie zahl- lose kurze Pflanzenfasern oder Tierhaare zu einem langen haltbaren Faden zusammendreht. Heute jedoch beschimpfen wir jemanden als »Spinner«, weil er nichts als Unordnung im Kopf hat. Eine ähnliche Umkehrung liegt vor, wenn man den Ausdruck vom Verhalten der Spinne ableitet. Alle Spinnennetze sind nämlich derart kunstvolle und erfolgreiche Fanggeräte, dass auch hier »Spinner!« ein großes Lob sein müsste. Weil Fäden sehr fein sind und etwa beim Per- lenauffädeln viele Einzelheiten in eine bestimmte

Reihenfolge bringen können, werden sie Grundlage entsprechender Wendungen.

etwas hängt am seidenen Faden
etwas um Haaresbreite verpassen
Leitfaden, sich am roten Faden entlang
    hangeln
den Faden verlieren

Wenn man Fäden zu Geweben verarbeitet, entsteht aus etwas Einfachem etwas Komplexes
und vielleicht sogar Kunstvolles. Daher vergleiche man dummes Denken mit schlampig ge-
sponnenen Fäden oder fehlerhaften Geweben.

durcheinander, verdreht, Wirrkopf
krause Einfälle, versponnene Ideen, ver-
    worrene Gedanken
Hirngespinst, Spinner
sich in Widersprüche verwickeln
sich im eigenen Lügengespinst verheddern
eine große Zerwirrnis verursachen
Heiliger Konfusius, Konfusionsrat (öster-
    reichisch)
zwei links, zwei rechts, zwei fallenlassen
eine schlicht gestrickte Person
für eine Aufgabe zu kurz gestrickt sein
einen Webfehler haben

Ein Sonderfall ist das Filzen, bei dem Tierhaare
unlösbar und wetterfest miteinander verbunden

werden. In der Politik hingegen sind undurch-
schaubare Verflechtungen unerwünscht und
werden entsprechend abgewertet.

verfilzte Machtverhältnisse
Filzokratie

Auch das Färben, Zuschneiden und Verzieren
der Stoffe taucht in Redewendungen auf, sowie
schließlich noch ihr allmähliches Verschleißen.

kleinkarierte Einstellung
Quatsch nicht so kariert!
immer dasselbe Strickmuster
mit der heißen Nadel genäht (schnell und
    schlampig)
auf Kante genäht (ohne Sicherheitsspiel-
    raum)
abgenutzte Gedanken, fadenscheinige
    Ausflüchte

8

Ohne Kompass
voll in die Sackgasse.
Wanderer im Dschungel
der Dummheit

Menschen sind dauernd unterwegs, sie eilen zur Arbeit und urlauben in fernen Ländern. Da wir uns in vielen Gegenden zurechtfinden müssen, stellen wir uns auch abstraktere Zusammenhänge als Räume vor, in denen es Orte, Richtungen und Entfernungen gibt. So gleicht das Denken einer geistigen Fortbewegung: Wir machen im Studium »große Fortschritte« oder sehen angesichts von Problemen »Lösungswege« und »Sackgassen«. Kenntnisreiche Menschen nennen wir »bewandert«, »erfahren« oder »weltläufig«, während die Dümmeren »im Stillstand verharren« oder »Irrwege gehen«.

Zahllose Ratgeber versprechen, auch das Gehirn lasse sich durch Training in Schwung bringen. Deren vollmundige Titel wie »Denkgymnastik« oder »Gehirnjogging« können Sie unschwer zu maßgeschneiderten Vorwürfen ausbauen.

Wie wär's mit einem Crash-Kurs für deine
  grauen Zellen?
Geistesakrobatik ist ja was Nettes, aber
  das war wohl ein Bauchklatscher.
Wenn Sie schon mit Hypothesen jonglieren,
  üben Sie doch erstmal mit einer.

Nur wer »ganz bei sich« ist, kann konzentriert denken. Einem schusseligen Denker werfen wir daher vor, er sei nicht wirklich anwesend, sondern dümpele in Erinnerungen oder Tagträumen herum.

abgelenkt, geistesabwesend

sich in sein Schneckenhaus, in sich selbst
  zurückziehen

abgetaucht, in Gedanken versunken

Bist du schon wieder auf Tauchstation
  gegangen?

abgedriftet, weggedriftet

nicht ganz da sein, nicht von hier sein

von gestern sein

nicht wissen, wo einem der Kopf steht

nicht bei Verstand sein, nicht (ganz) bei
  sich

verrückt, weggetreten

Erde an (Name): Bitte melden, Sie werden
  hier gebraucht!

Hallo, jemand zu Hause? (mit Winkgeste,
  falls jemand ins Leere starrt)

Kannst du dein Gehirn mal kurz reinrufen?

Jeder Weg wird irgendwann gebahnt oder zum
ersten Mal begangen. Wer ihn danach benutzt,
ist zwar nicht dumm, aber weniger schöpferisch.

Denkanstöße geben, Vordenker, Vorläufer
  einer Idee

Meilensteine definieren, ein Ziel vorgeben

Epigone (Nachgeborener), Nachfolger

auf ausgetretenen Pfaden bleiben, seinen
  eigenen Weg gehen

Neuland betreten

mit dem, gegen den Strom schwimmen

Jäger sind unterwegs, um Beute zu machen. Wählen Sie aus den plastischen Ausdrücken der Jägersprache einen, der die betreffende Dummheit griffig beschreibt!

einer eiskalten Spur folgen

sein Thema verfehlen, über das Ziel hinaus- schießen

weit vom Schuss sein

Voll daneben!

Knapp vorbei ist auch daneben!

einen Bock schießen (Jägersprache, Bock = Fehlschuss)

Der Schuss ist ja wohl nach hinten los- gegangen!

in die Schusslinie geraten

sich aus der Deckung locken lassen

sich mit einem billigen Trick ködern lassen

jemandem auf den Leim gehen (Vogeljagd mit Leimruten)

die Vögel zu früh aufscheuchen

etwas geht einem durch die Lappen (Stoff- lappen, die bei Treibjagden das Wild lenken sollen)

den Bogen überspannen

einen Pfeil umsonst verschießen

In anspruchsvolles Gelände sollten sich nur tritt- sichere Wanderer und Denker wagen. Aber Vor- sicht: bei geistigen Stürzen wird keine Berg- wacht zur Rettung herbeieilen …

sprunghaftes Denken
durchs Leben stolpern, straucheln, tau-
　meln, torkeln, wanken
Ausrutscher
sinnlos herumwuseln
der Vergleich hinkt
holpriges Englisch sprechen
zwei Schritte vor, einer zurück
auf die Schnauze fallen, einen Bauch-
　klatscher machen
Na, wieder mal voll auf die Nase gefallen?

Beschimpfen Sie auch solche Artgenossen, die gar nicht vom Fleck kommen oder allzu langsam dahinschleichen.

auf der Stelle treten, geistiger Stillstand
Vorsicht, da überholt dich gerade eine
　Schnecke!
jemandem steht der Verstand still
auf halbem Weg stehen bleiben
nur schrittweise vorankommen
mit anderen nicht Schritt halten können
weit abgehängt, zurückgeblieben
hinterherhecheln
Nachzügler

Geübte Wanderer finden zügig ihren Weg, während sich die Ziel- und Richtungslosen leicht und schnell verlaufen. Eine Ausnahme ist der kreative »Querdenker«, der abseits von ausge-

tretenen Pfaden nach neuen Lösungen sucht
und diese manchmal auch findet.

keine geradlinige Strategie haben, im Zick-
zackkurs unterwegs sein
sich in Mäandern, Schlangenlinien fort-
bewegen
am Problem vorbei denken, vom Thema
abschweifen
abwegige Ideen haben, um die Ecke
denken
aufs Geradewohl, ohne Karte und Kompass unterwegs sein
sich im Kreis drehen
sich verirren, verlaufen, weglos durch-
schlagen
die Richtung verlieren, vom Weg ab-
kommen
auf dem Holzweg sein, sich in etwas ver-
rennen
im Kreis gehen, Irrwege gehen, Umwege
machen
einem Irrlicht folgen; Irrfahrt, Odyssee

Wer »zu dumm zum Geradeausgehen« ist, macht
sich selbst das Vorankommen schwer.

sich selbst ein Bein stellen, sich selbst im
Wege stehen
offene Türen einrennen
beschränkt (Schranke), borniert

begriffsstutzig (man stutzt wie vor einem
    Hindernis)
dastehen wie der Ochs vorm Scheunentor
Denk- und Schreibblockaden
eindimensionales Denken

Hinzu kommen leider die vielen äußeren Hindernisse, an denen man scheitern kann.

querfeldein unterwegs, über Stock und
    Stein
ausweglose Lage
aufs Abstellgleis geraten, in eine Sack-
    gasse geraten
das Ende der Fahnenstange erreichen
in einen Irrgarten, ein Labyrinth geraten
in einem Engpass steckenbleiben
an der Schlüsselstelle versagen
geistiger Hürdenlauf, Verstehenshürden
zwischen Skylla und Charybdis geraten
    (zwei antike Meeresungeheuer)

Noch unerfreulicher sind Hindernisse, die unsere
Widersacher absichtlich errichtet haben.

jemanden ins Leere laufen lassen
Den haben wir voll an die Wand rauschen
    lassen!
jemandem den Weg versperren, Stolper-
    steine errichten
jemanden aufs Glatteis, in die Irre führen

eine Nachrichtensperre verhängen
jemandem gründlich seine Zukunft ver-
    bauen
jemandem ein Bein stellen, jemandem
    Knüppel zwischen die Beine werfen
Fallen stellen, Fallgruben errichten

Richtungen geben wir oft an durch die Ausdrücke oben/unten, vorne/hinten und links/rechts.
Dabei ist die Senkrechte besonders bedeutungs-
trächtig, denn in vielen Bereichen ist »oben« gut
und »unten« schlecht. Wir sind hochgemut oder
tiefbetrübt, erleben wirtschaftliche Auf- und Ab-
schwünge, gehören zu den oberen Zehntausend
oder den Untergebenen und kommen schließlich
in den Himmel oder die Hölle. Werfen Sie also
Doofbacken vor, sie seien zu kurz geraten oder
würden wie Schwalben vor dem Gewitter knapp
über dem Erdboden dahinsegeln.

Geisteszwerg, geistige Pygmäen
Geh mal schön unterm Teppich spielen!
Niederungen der Banalität
Underperformer (Minderleister)
niveaulose Person
jemandem wächst etwas über den Kopf
oberflächliche Zerstreuungen, platte Witze
Flachdenker, Flachflieger, Flachwichser

Nur wer gründlich (!) nachdenkt, dringt tief in
die geistige Welt ein — während die geistig

Schwächelnden den Nährboden des Geistes lediglich zaghaft ankratzen.

an der Oberfläche dahindümpeln
Dünnbrettbohrer
Probleme kaum ankratzen
seichte Fernsehshows

Menschen brauchen als Bodenbewohner einen festen Untergrund. Und auch im Gedankenreich haben rutschige Böden und leichtsinnige Höhenflüge ihre Tücken.

ohne sichere Grundlage daherreden
eine schlecht untermauerte Behauptung
eine zu schmale Basis haben, ins Wanken
    geraten
den Boden unter den Füßen verlieren, ohne
    Bodenhaftung
sich zu weit aus dem Fenster lehnen
auf tönernen Füßen stehen
auf der Seife stehen (schlechte Argumente
    vertreten)
Ausrutscher, schlüpfrige Fragen
Du bist wohl auf der eigenen Schleimspur
    ausgerutscht?
Wieder mal voll in den Fettnapf gelatscht?
auf brüchigem Eis stehen, auf Glatteis geraten
    raten
Wenn dem Esel zu wohl wird, geht er aufs
    Eis tanzen.

abgehoben, gestelzte Sprache, ver-
  stiegene Ideen
auf schwankendem Hochseil; ohne Netz,
  Sicherungsseil
auf schmalem Grat balancieren
in höheren Sphären schweben, Luftikus,
  Traumtänzer
den Kopf in den Wolken haben, im Wolken-
  kuckucksheim leben
Höhenkoller, Höhenrausch

Besonders gefährlich sind dichte Wälder, in denen man leicht die Orientierung verliert.

sich im Paragraphendschungel verirren
sich im Formelgestrüpp verheddern
im Unterholz steckenbleiben
Deine Kollegen haben dich wohl im Wald
  stehen lassen?

Die Wüste schließlich ist nicht nur unwegsam,
sondern lässt schlecht ausgerüstete Wanderer
auch schnell verschmachten.

dürre Argumente, öder Vortrag
geistig verdorren
ein Projekt versandet
vergeblich eine Oase in der Kulturwüste
  suchen

Wer also das Reich des Geistes ungefährdet durchschreiten will, sollte fit und gut ausgerüstet sein.

9

Von der lockeren Schraube zum Festplattencrash. Bewährte Dummheit und neueste Technik

Der Mensch verändert die Welt durch Technik. Sobald sich ein neues Gerät verbreitet, lernen wir es zu bedienen und entwickeln Vorstellungen darüber, wie es funktioniert. Beides geht schnell in Redensarten ein und überdauert dort noch lange, nachdem die Technik schon wieder überholt und vergessen ist. So verstehen wir mühelos, dass jemand »leeres Stroh drischt« oder »unter Dampf steht«, obwohl wir Dreschflegel und Dampflok nur noch aus dem Museum kennen. Beim Prägen neuer Wendungen greifen wir gern bewährte Muster auf.

Den Wald vor lauter Bäumen nicht sehen.
Das Bild vor lauter Pixeln nicht sehen.

Geräte und Menschen werden häufig miteinander verglichen. Einerseits betrachten wir Geräte wie unfähige oder aufsässige Artgenossen und sagen »Mein Laptop spinnt mal wieder« oder »Der Staubsauger streikt«. Vielleicht ist das ein später Nachhall aus der Zeit, als unsere Vorfahren alles für belebt hielten. Aber auch heute noch soll es vorkommen, dass jähzornige und frustrierte Menschen dem widerspenstigen Fahrkartenautomaten einen Tritt versetzen. Umgekehrt vergleichen wir Menschen mit Geräten: Jemand tut etwas »automatisch«, hat einen »guten Draht« zu jemandem oder springt auf »wie elektrisiert«.

Viele Redensarten fassen Dummheit als Gerätefehler auf. Fangen wir also möglichst einfach an und vergleichen das Gehirn mit einem mechanischen Gerät.

> Hat dir jemand Sand ins Getriebe gestreut?
> sich ausgeklinkt haben
> von der Rolle sein (wie das Seil eines
>   Flaschenzugs)
> sich drehen wie eine Wetterfahne,
>   wankelmütig
> ausrasten
> Da blockiert, klappert, knirscht, quietscht
>   doch was?
> einen Hirnklempner brauchen
> überspannt (wie ein Draht, der bald reißt)
> eine Schraube locker haben, überdreht
> ausgeleiertes Gehirn
> nicht richtig ticken
> nur noch rotieren
> Kannste mal 'ne Mark nachwerfen?

Beim Denken entstehen geistige Bilder. Aber nicht jeder kann etwas »gestochen scharf« darstellen wie ein Kupferstecher, vielmehr erzeugt ein Dummkopf auch nur klägliche Bilder.

> Schwarz-Weiß-Denken, holzschnittartig
>   (stark vereinfacht)
> etwas ohne Tiefenschärfe darstellen
> falsch belichtet, unterbelichtet

etwas ausblenden
Mattscheibe haben
einen Filmriss haben (Blackout)
Du bist ja wohl im falschen Film.

Wenn man das Gehirn mit einem Fahrzeug vergleicht, tauchen alte und neue Probleme der Fortbewegung auf.

antriebslos sein
zusammenstoßen, jemandem an den
  Karren fahren
an etwas entlangschrammen
verfahrene Angelegenheit
den Karren in den Dreck fahren
ein Bremsklotz sein
die Bremsen versagen, eine Notbremsung
  machen
das Rad neu erfinden
Die haben einen Durchbruch erzielt, sie
  haben ein sechseckiges Rad erfunden!

Wer sich gerne genauer ausdrückt, wählt ein bestimmtes Fahrzeug, etwa das Auto.

von der Fahrbahn abgedrängt werden
Spätzünder
eine Initialzündung brauchen
Springt dein Gehirn mal wieder nicht an?
schrottreife Idee
abgefahrene Vorstellung (Reifen)

durchgedreht (Reifen auf glattem Untergrund)
einen Platten haben, ein Rad ab haben
Hoffentlich hast du einen Reservereifen
  dabei!
aus der Kurve getragen werden, die Kurve
  nicht kriegen
ins Schleudern, Schlingern geraten
in ein Schlagloch fahren
ein Vorhaben gegen die Wand fahren
etwas zu Schrott fahren, geistiger Total-
  schaden
im Leerlauf verharren
einen Zahn zulegen müssen, zu langsam
  schalten
Schalte endlich in einen höheren Gang!
im Rückwärtsgang den Berg hochfahren
Montagsauto (ab Hersteller fehlerhaft)
tiefer gelegte Theorie
beim Hirn-TÜV durchgefallen

Schienenfahrzeuge sind an ihre Spur gebunden
und liefern daher spontan verständliche Vorwürfe angesichts mangelnder Kreativität.

Energie sinnlos verpuffen lassen
eine besonders dümmliche Argumenta-
  tionsschiene
die Weichen falsch stellen
aus der Bahn geworfen werden, entgleisen,
  neben der Spur laufen

eingleisig denken, Schmalspurdenker
auf eingefahrenen Gleisen unterwegs sein
aufs Abstellgleis geraten, im Zug nach
    Nirgendwo sitzen
für jemanden den Prellbock, den Puffer
    spielen
das Schlusslicht sein
die Notbremse ziehen
Trittbrettfahrer

Oder gleicht der Dumme einem Schiff, das auf
günstige Winde wartet, mit widrigen Strömun-
gen kämpft oder hilflos auf Grund läuft?

die Fahrrinne verlassen haben
sich treiben lassen
gegen die Strömung fahren, rudern
Klippen nicht umschiffen können
keinen geistigen Tiefgang haben
abdriften, stranden; an Riffen, Untiefen auf
    Grund laufen
Schiffbruch erleiden
Willkommen an Bord, zur Jungfernfahrt der
    Titanic!
Das ist nur die Spitze des Eisberges!
auf günstige Winde hoffen, in eine Flaute
    geraten
Gegenwind haben, hart am Wind segeln
Hilfe, Hirn über Bord!
Da bist du aber auf dem ganz falschen
    Dampfer!

Vergleichen Sie den Dummen auch mit einem stümperhaften Piloten, der bei schlechter Sicht oder zu tief fliegt und darum oft nur eine Bruchlandung schafft.

> auf Autopilot geschaltet haben, im Blind-
> flug unterwegs sein
> bodennaher Geistesflug, Flachflieger
> Absturz, Bruchpilot, Notlandung, Sturzflug

Andere Gehirne gleichen eher einem Elektrogerät, das zu wenig Strom hat.

> nicht auf Draht sein
> abgeschaltet sein, Funkstille im Hirn
> seine Aufmerksamkeit herunterdimmen
> der Akku, die Batterie ist leer
> die Nerven liegen blank (unisolierte Drähte)
> Entladung, Kurzschlusshandlung
> weißes Rauschen von sich geben (inhalts-
> freie Bemerkungen)
> auf der Leitung stehen, eine lange Leitung
> haben
> falsch gepolt, fehlgeschaltet
> durchgeknallt (wie Glühbirne)
> Blackout, Sicherung durchgebrannt
> geistige Stromsparlampe
> Warum lässt du dein Hirn im Stand-by
> Modus?
> Vor Gebrauch Hirn einschalten!

Seit fast jeder einen Computer besitzt, sind viele Fachausdrücke der Informatik in die Umgangssprache eingegangen und werden auch auf Denkprozesse angewendet. Ungeduldige Menschen berichten sogar, sie hätten gegenüber langsameren Zeitgenossen oft das Bedürfnis, bei zögerlichen Antworten »mehrmals auf RETURN zu drücken«.

ein Programm abnudeln, abspulen; vorprogrammiert

morgens nur langsam hochfahren können

keinen Zugriff auf etwas haben (Gedächtnisprobleme)

einen Text scannen (nur überfliegen)

falsch programmiert

ein Upgrade fürs Hirn brauchen, mit einer veralteten Version laufen

die Herstellergarantie ist abgelaufen

Bei deinem Matschkopf versteh ich endlich, was »Software« heißt.

Festplattencrash, geistiger Systemabsturz

Warum hast du denn deine Festplatte gelöscht?

Dass Menschen immer neue hochaktuelle Bosheiten prägen können, belegt aber auch, dass wir eben keine Computer sind, die stur und phantasielos festgelegte Programme abspulen. Zwar arbeiten Computer viel schneller als wir, aber ihnen fehlen Gefühle, Kreativität und Humor.

Ob wohl irgendwann auch Computer so schlau sein werden, dass sie einander Dummheit vorwerfen? Falls ja, dann sind hier schon mal ein paar bescheidene Vorschläge.

> Dir ist doch der Blitz in den Prozessor geschlagen!
> Dein Quellcode stammt wohl direkt vom Berg Sinai?
> Deine Festplatte hat man sicher am Käsestand gekauft.
> Sieh mal an: Sondermüll, der denkt!

Und als unüberbietbare Gemeinheit können Sie dann einen Vergleich mit dem *homo sapiens* hören.

> Deinen Schaltplan würde sogar ein Mensch verstehen!

Anhang 1
Schimpfwörter-ABC

Falls es mal schnell gehen muss, wählen Sie bitte etwas Passendes aus dieser ABC-Liste. Oder erstellen Sie Ihre eigene Lieblingsliste, vielleicht finden Sie ja noch schönere Ausdrücke bei den Problembuchstaben »Q«, »X« und »Y«! Für Fortgeschrittene: Bilden Sie zusammengesetzte Ausdrücke mit zwei gleichen Anfangsbuchstaben wie »Kalbskopf«.

Armleuchter
Blödmann
Clown
Dumpfbacke
Einfaltspinsel
Faselhans
Gans
Hirni
Idiot
Jeck
Kalbskopf
Labersack
Matschbirne
Null
Oberochse
Provinzdepp
Quadratesel
Riesenrindvieh

Sülzgehirn
Turbotölpel
Unsinnsquatscher
Volltrottel
Wirrkopf
XXS-Hirn
Yeti
Zimtziege

Anhang 2
Autokennzeichen umgedeutet

Schon unsere fernen Vorfahren befehdeten ihre Artgenossen aus der Nachbarhöhle. Da ist es doch eine Stufe höherer Bildung, wenn man den Faustkeil durch das geschliffene Wort ersetzt. Ein schönes Beispiel für heutige Revierkämpfe sind die vielen gemeinen Umdeutungen von Autokennzeichen. Falls sich jetzt jemand persönlich betroffen fühlt: die Verballhornungen wurden nach sprachlicher Griffigkeit ausgewählt. Wer eine Wendung zu einem nicht genannten Ort sucht, frage vertrauensvoll die Bewohner der umliegenden Gemeinden!

ABG (Altenburg): Alle bekloppt geboren
BB (Böblingen): Besonders bescheuert
COE (Coesfeld): Chaoten ohne Einsicht
DA (Darmstadt): Dämlicher Anfänger
EBE (Ebersberg): Esel bleibt Esel
FFB (Fürstenfeldbruck): Fahrer fährt
    bescheuert
GZ (Günzburg): Gehirn zuhause
HAL (Halle): Hirnamputierter am Lenker
IZ (Itzehoe): Idiotenzone
JEV (Jever): Jeder ein Verrückter
KEH (Kehlheim): Kein eigenes Hirn
LD (Landau): Lauter Deppen
MD (Magdeburg): Meilenweit doof

NEA (Neustadt/Aisch): Neandertaler

OHV (Oberhavel): Ohne Hirn und Verstand

PI (Pinneberg): Perverse Irre

QLB (ehemals Quedlinburg): Quatsch
labernder Blödmann

RÜD (Rüdesheim): Rechts überholende
Deppen

SIG (Sigmaringen): Stroh im Gehirn

TIR (Tirschenreuth): Trottel im Regen

UN (Unna): Unter Narkose

VIE (Viersen): Vollidiot im Einsatz

WOB (Wolfsburg): Wilder ohne Bildung

ZE (Zerbst): Zum Erbarmen

Weiterführende Literatur

Burger, Harald, Annelies Buhofer und Ambros Sialm (1982): *Handbuch der Phraseologie*. Berlin.

Donalies, Elke (2009): *Basiswissen Deutsche Phraseologie*. Tübingen.

Dornseiff, Franz und Herbert Ernst Wiegand (2004): *Der deutsche Wortschatz nach Sachgruppen*. 8. Auflage. Berlin.

Fleischer, Wolfgang (1997): *Phraseologie der deutschen Gegenwartssprache*. Leipzig: Bibliographisches Institut. 2., durchgesehene und ergänzte Auflage. Tübingen.

Havryliv, Oksana (2009): *Verbale Aggression. Formen und Funktionen am Beispiel des Wienerischen*. Frankfurt am Main.

Krämer, Walter (2000): *Modern Talking. Ein populäres Lexikon*. München und Zürich.

Krüger-Lorenzen, Kurt (2005): *Deutsche Redensarten und was dahinter steckt*. München.

Küpper, Heinz (2006): *Wörterbuch der deutschen Umgangssprache*. Berlin.

Reutterer, Alois (2005): *Die globale Verdummung. Zum Untergang verurteilt? Mit einer Zitatensammlung zum Thema Dummheit*. Wien u.a.

Röhrich, Lutz (2006): *Lexikon der sprichwörtlichen Redensarten*. 7. Auflage. Freiburg.

Rühmkorf, Peter (1969): *Über das Volksvermögen. Exkurse in den literarischen Untergrund*. Reinbek.

Schmauks, Dagmar (2008): *Zickenkrieg und Hengstparade. Tiernamen als geschlechtsbezogene Schimpfwörter in den Boulevardmedien und im Internet. Kodikas/Code* 31: 313–326.

Schmauks, Dagmar (2009): *Denkdiäten, Flachflieger und geistige Stromsparlampen. Die kognitive Struktur von Redewendungen zur Dummheit*. Aachen.

Scholze-Stubenrecht, Werner und Wolfgang Worsch (2008): *Duden* Band 11: *Redewendungen*. 3. überarbeitete Auflage. Mannheim.

Wahrig, Gerhard und Renate Wahrig-Burfeind (2001): *Deutsches Wörterbuch*. 7., vollständig neu bearbeitete und aktualisierte Auflage. Gütersloh.

Wander, Karl Friedrich Wilhelm (2008): *Deutsches Sprichwörter-Lexikon* [Elektronische Ressource]. 250.000 Sprichwörter und Redewendungen; mit Referenzen zu Wendungen in anderen Sprachen. Berlin.

Inhalt

0   Definition Dummheit.   5
     Gebrauchsanleitung Schimpfen
1   Dumm und dämlich.   13
     Der Grundwortschatz
2   Quadratesel und Turbotölpel.   23
     Lustvolle Steigerungen
3   Aschenblödel trifft Dummzilla.   33
     Kreative Verballhornungen
4   Wenn Tranfunzeln im Nebel stochern.   45
     Im finsteren Reich der Dummheit
5   Zu weich, zu klein, leer.   53
     Schlimme Gehirnfehler
6   Triller, Schläge, Sockenschüsse.   63
     Allerlei Dachschäden
7   Spinner und Seerosengießer.   71
     Handwerk ohne goldenen Boden
8   Ohne Kompass voll in die Sackgasse.   81
     Wanderer im Dschungel der Dummheit
9   Von der lockeren Schraube zum Fest-   93
     plattencrash. Bewährte Dummheit und
     neueste Technik

Anhang 1   Schimpfwörter-ABC   103
Anhang 2   Autokennzeichen umgedeutet   105

Weiterführende Literatur   107

Zur Autorin

Dagmar Schmauks, geboren 1950, ist außerplanmäßige Professorin für Semiotik an der Technischen Universität Berlin. Sie hat mehrere Bücher und rund 100 Aufsätze über praktische Aspekte des Zeichengebrauchs veröffentlicht, etwa wie wir Bilder verstehen, uns im Raum orientieren oder mit Tieren umgehen. Weitere Schwerpunkte sind Täuschungen in verschiedenen Medien (Sprache, Bild, Landkarte …) sowie Rätsel, Witze und andere ernste Textsorten.

Impressum

ISBN 978-3-939462-13-2
Erste Auflage 2010
Alle Rechte vorbehalten
Copyright LOGO VERLAG Eric Erfurth
Obernburg am Main 2010
Rosenstraße 6
D-63785 Obernburg am Main
Telefon (0 60 22) 7 19 88
Fax (0 60 22) 20 69 41
E-Mail info@lvee.de
Website www.lvee.de

Druck: AZ Druck, Kempten
Printed in Germany

Ulrich Namislow

Reizwörterbuch

Für Wortschatzsucher

Eigenheimweh, Besenkammerherr, Selbsthilfegruppensex, Ohnmachtelite, Informationsdschungelcamp — das *Reizwörterbuch für Wortschatzsucher* vereint die 888 witzigsten und poetischsten Kofferwörter der deutschen Sprache. Die Edition inspiriert und verführt zum Spiel.

Die originelle Sammlung von Ulrich Namislow, Professor für Gestaltung an der Fachhochschule Mainz, ist kommentiert von Dr. Elke Donalies, Institut für Deutsche Sprache in Mannheim.

ISBN 978-3-939462-07-1
Broschur, 104 Seiten, 2. Auflage

»Wörter, die zum Dichten verlocken«
literaturkritik.de
»… wundervolle Kuriosität der deutschen Sprache …«
Südwestrundfunk

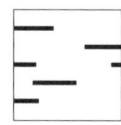

Kurt Schwitters
Ursonate

CD-Audio, Zeit 52:14

Das Meisterwerk der Avantgarde in der
Aufnahme des Sprechkünstlers Arne Dechow.

Marcel Duchamp
Flaschentrockner

Doxographie, Broschur, 224 S.

»… informativer Band …« Frankfurter Rundschau
»… Wirbel an knappen rasanten Zitaten …« SZ

Kurt Schwitters / Sabine Schmekel
Doppelmoppel

Typographisches Bilderbuch, 28 S.

»Man wünscht ihr doppelt soviel Leser!« Kodikas / Code
»… kongenial …« Neue Zürcher Zeitung

Ernst Jandl / Sabine Schmekel
Bibliothek

Typographisches Bilderbuch, 20 S.

»Lesen als lustvolles Ereignis.« FAZ
»Viel Lesestoff und Augenschmaus.« Mainzer Rhein-Zeitung

Christine Großkinsky
Holmenkolmen

Lauschangriffe, Broschur, 160 S.

»… ein Wechselbad der Gefühle …« Rhein-Neckar-Zeitung
»… ein kurzweiliges, ein pfiffiges Buch …« die horen